ORDONNANCE
DU ROI
PORTANT CRÉATION
D'UN COLLÉGE ROYAL DE MARINE,
ET DE
COMPAGNIES D'ÉLÈVES DE LA MARINE,
DU 31 JANVIER 1816;

SUIVIE du Réglement du même jour, sur le service, la discipline et la police des Compagnies d'Elèves de la Marine; et du Réglement du 2 février 1816, sur la première formation des Compagnies d'Elèves de la Marine, établies dans les ports de Brest, Toulon et Rochefort.

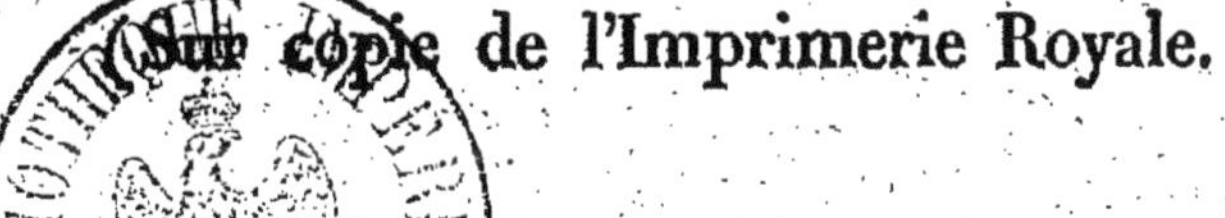

(Sur copie de l'Imprimerie Royale.)

A BREST,

CHEZ LEFOURNIER ET DEPERIERS, LIBRAIRES, RUE ROYALE. N.° 84.

MARS 1816.

DE L'IMPRIMERIE DE J.-B. LEFOURNIER.

ORDONNANCE DU ROI,

PORTANT création d'un Collège Royal de Marine, et de Compagnies d'Élèves de la Marine, du 31 Janvier 1816.

LOUIS, PAR LA GRACE DE DIEU, ROI DE FRANCE ET DE NAVARRE,

Après avoir réglé par nos ordonnances des 1.er juillet 1814 et 29 novembre 1815, l'organisation et le service des officiers de notre marine militaire, nous avons porté notre attention sur les mesures à prendre pour former la pépinière de ce corps. Nous avons considéré que l'éducation première des jeunes gens qui se vouent au métier de la mer doit tendre à développer par degrés leur intelligence, éclairer leur jugement, et diriger leurs études vers les connaissances dont ils doivent faire un jour l'application; qu'après avoir été préparés par une théorie spéciale, il importe de les façonner de bonne heure à la discipline, aux difficultés, aux fatigues et aux dangers de leur noble profession; que l'instruction pratique doit être combinée de manière à leur fournir de nombreux termes de comparaison, en leur faisant successivement parcourir de nouveaux parages, et à hâter leur expérience, soit par l'exécution et le commandement alternatifs de toutes les manœuvres, soit par l'observation et l'analyse de toutes les opérations mécaniques qui sont pratiquées dans les divers ateliers de nos arsenaux ; qu'enfin, ce n'est que par la réunion de ces soins, de ces efforts et de ces travaux, que les élèves de la marine peuvent se distinguer sur nos vaisseaux et nos flottes, et soutenir dignement l'honneur du pavillon français;

A ces causes, et sur le compte qui nous a été rendu que le système d'éducation adopté dans les écoles spéciales de Brest et de Toulon ne peut promettre ces heureux résultats; qu'il présente au contraire le grave inconvénient de comprimer, par une vie trop sédentaire et trop isolée, le développement des facultés physiques et morales des élèves, et de les former pour des fonctions subalternes, plutôt que pour le service honorable qu'ils sont appelés à remplir;

Sur le rapport de notre ministre secrétaire-d'état au département de la marine et des colonies,

Nous avons ordonné et ordonnons ce qui suit:

TITRE PREMIER.

De l'éducation des jeunes gens qui se destinent au service de la marine.

Art. 1.er Les jeunes gens qui se destinent à notre marine militaire, recevront une éducation théorique et pratique, spécialement appropriée au service qu'ils sont appelés à remplir.

2. L'éducation théorique leur sera donnée dans un établissement à ce destiné, sous la dénomination de *Collége royal de la marine.*

L'éducation pratique leur sera donnée dans nos ports et sur des *corvettes d'instruction* que nous ferons armer à cet effet.

3. Les jeunes gens qui seront admis au Collége royal de la marine, auront le titre d'*élèves de la marine de troisième classe.*

Ceux qui, après avoir terminé au collége royal

leur éducation théorique, seront embarqués sur les corvettes d'instruction, auront le titre d'*élèves de la marine de seconde classe.*

Ceux enfin qui auront terminé, sur les corvettes d'instruction, leur éducation pratique, auront le titre et le grade d'*élèves de la marine de 1.re classe.*

4. Les élèves de première et seconde classe seront réunis en compagnies dans nos ports de Brest, Toulon et Rochefort, sous l'autorité d'officiers de la marine que nous préposerons spécialement pour les commander.

TITRE II.

De l'établissement du Collége royal de la marine, de l'admission des élèves, de leur enseignement et de leur avancement.

5. Le collége royal de la marine sera établi en notre ville d'Angoulême.

6. Le nombre des élèves du collége royal ne pourra, dans aucun cas, s'élever au-delà de 150.

Les places ne seront successivement accordées par nous que dans la proportion des remplacemens annuels qui seront reconnus ou présumés devoir s'effectuer dans le corps de la marine.

7. Les nominations n'auront lieu qu'une fois par an, après l'examen des élèves qui auront terminé leurs cours.

8. Nul ne pourra nous être proposé pour être admis au collége royal de la marine, avant d'avoir atteint l'âge de 13 ans, ni après avoir passé celui de 15.

Nul ne sera admis s'il n'est d'une bonne constitution et s'il ne justifie qu'il a eu la petite vérole naturelle ou qu'il a été vacciné. La surdité, la myopie et toute difformité corporelle sont des causes absolues d'exclusion.

Tout candidat devra écrire avec netteté et correction ; savoir les élémens de la langue latine, et l'arithmétique jusqu'aux logarithmes ; il subira un examen sur ces objets d'instruction, en se présentant au collége.

Les parens du candidat devront en outre s'engager, par écrit, à payer pour lui une pension annuelle de 800 francs pendant tout le temps qu'il restera au collége royal, et à fournir, au moment où il y entrera, une somme de 600 francs pour la valeur de son trousseau.

9. Seront admis de préférence au collége royal les fils d'officiers militaires et civils de la marine, ainsi que ceux des officiers de toutes armes et des magistrats qui, nous ayant servi avec zèle et fidélité, auront transmis les mêmes principes à leurs enfans.

10. Nous nous réservons d'accorder un certain nombre de places gratuites ou à demi-pension aux fils des officiers de la marine qui auraient été tués ou blessés grièvement, ou qui auraient acquis, par leurs services, des droits particuliers à notre bienveillance.

11. Sera considéré comme nulle et non avenue la nomination de tout candidat qui ne se sera pas rendu au collége royal dans le délai de quatre mois après l'expédition de sa lettre d'admission.

12. Le trousseau de chaque élève sera composé ainsi qu'il suit :

Habillement.

Un habit grand uniforme en drap bleu, paremens et collet de même ; une veste de drap bleu ; deux habits-vestes ou paletots de drap bleu, revers, collet et paremens de même couleur ; un gilet de drap bleu, garni de deux rangées de petits boutons ; deux culottes longues en drap bleu ; une capote en grosse étoffe bleue. Les revers de l'habit-veste garnis de cinq boutons, manches coupées et garnies chacune de quatre boutons. La doublure du grand uniforme en serge bleue. Les boutons de cuivre doré, timbrés d'une ancre. Un chapeau monté à la française, avec ganse d'or; un chapeau rond à la matelote, bordé d'un galon de poil.

Petit equipement.

Douze chemises; six caleçons; douze paires de bas; douze cravates de perkale; trois cols de soie noire plissés, ou cravates noires; douze mouchoirs; six bonnets de coton; vingt-quatre serviettes; quatre paires de souliers; une paire de boucles unies de cuivre doré; des demi-guêtres d'étamine noire; des demi-guêtres de toile blanche; une brosse à habit; deux peignes; un couvert complet en fer étamé.

13. L'entretien du trousseau sera à la charge du collége royal pendant tout le temps que l'élève y séjournera, et les effets qui le composent lui seront remis en bon état, au moment de sa sortie.

L'établissement pourvoira également aux dépenses relatives au coucher des élèves.

14. Le collége royal sera pourvu des livres, cartes et instrumens nécessaires à l'instruction des élèves; les principaux professeurs seront respectivement chargés, sur inventaire, des objets qui se rapportent à leur partie d'enseignement, et devront veiller à ce qu'ils ne soient ni enlevés ni détériorés.

15. Le collége royal sera sous l'autorité et la surveillance d'un contre-amiral ou capitaine de vaisseau, lequel aura le titre de gouverneur des élèves de la marine royale.

Le gouverneur aura sous ses ordres :

2 capitaines de vaisseau ou de frégate, sous-gouverneurs.

5 lieutenans de vaisseau, aides majors.

2 professeurs (1 de 1.re classe et 1 de 2.e classe) et 1 répétiteur de belles lettres et d'histoire.

2 professeurs (1 de 1.re classe et 1 de 2.e classe) et 1 répétiteur de langue française.

1 professeur de 1.re classe et 1 répétiteur de langue anglaise.

2 professeurs (1 de 1.re classe et 1 de 2.e classe) et 2 répétiteurs de mathématiques et d'hydrographie.

1 professeur de 1.re classe et 1 répétiteur de dessin.

1 professeur de 2.e classe de géographie.

1 quartier-maître trésorier.

2 aumôniers qui, indépendamment de leurs fonctions ecclésiastiques, seront chargés d'instruire les élèves sur la morale et sur les principes de la religion.

1 chirurgien-major.

1 économe.

Des sous-officiers d'artillerie de la marine seront employés dans le collége royal comme maîtres d'exercices militaires; et des officiers-mariniers, comme maîtres de natation.

16. Nous entendons choisir le gouverneur, les sous-gouverneurs et les officiers-majors du collége royal parmi les officiers de la marine les plus recommandables par leurs principes et leur instruction, ainsi que par l'ancienneté et la distinction de leurs services.

Entendons pareillement que les professeurs et les aumôniers soient reconnus dignes, par leur conduite autant que par leurs talens, de diriger chaque partie de l'instruction des élèves, et qu'ils ne puissent leur donner que des préceptes et des exemples de véritable honneur, d'attachement à leurs devoirs et de fidélité à notre personne et à l'État.

17. L'économe du collége royal sera nommé par notre ministre secrétaire-d'état de la marine.

Il sera chargé de l'exécution de tous les marchés relatifs à la subsistance et à l'entretien des élèves ; de la surveillance et conservation du mobilier ; de la tenue des comptes et de tous les détails d'administration intérieure de l'établissement.

18. Indépendamment des officiers, professeurs et maîtres, et de l'économe, désignés aux articles ci-dessus, notre ministre secrétaire-d'état au département de la marine déterminera le nombre des agens inférieurs qu'il sera nécessaire d'employer dans le collége royal ; ces employés devront être pris exclusivement parmi les gens de mer et les canonniers de la marine, et de préférence parmi ceux qui jouissent d'une demi-solde en considération de leurs services, ou qui ont été blessés dans les combats.

19. Les élèves du collége royal seront divisés en cinq brigades, chacune sous les ordres d'un officier-major.

Les brigades seront composées d'un nombre égal d'élèves ; le degré d'instruction déterminera l'ordre numérique des brigades : ainsi, la première comprendra les plus instruits, et la cinquième ceux qui n'auront encore que les premiers élémens d'instruction.

20. Les élèves seront examinés tous les trois mois, par les professeurs du collége, en présence du gouverneur, des sous-gouverneurs et des officiers-majors ; et, d'après un scrutin secret, ils passeront d'une classe inférieure à une classe supérieure, et *vice versâ*, suivant les progrès positifs ou négatifs qu'ils auront faits.

21. Les officiers-majors resteront toujours attachés à leur brigade respective.

A la suite de chaque examen de trimestre, le gouverneur choisira, pour chaque brigade, deux élèves distingués par leur conduite et leur application, et les préposera, sous les ordres de l'officier-major, à la tête de la brigade : le premier, en qualité de brigadier; le second, en qualité de sous-brigadier.

22. Les élèves du collége royal seront examinés tous les ans, à l'époque du premier avril, par un des examinateurs de la marine.

L'examen aura lieu en présence du gouverneur des élèves, des sous-gouverneurs et de tous les officiers et professeurs du collége.

Les élèves qui, à l'époque de l'examen, auront, dans le collége, le grade de brigadier et de sous-brigadier, et ceux qui composeront la première et la seconde brigade, seront seuls susceptibles d'être admis à concourir pour le grade d'élèves de la marine de seconde classe.

L'examen portera :

1.° Sur la langue française, l'histoire et la géographie;

2.° Sur les élémens de la langue anglaise;

3.° Sur le cours de mathématiques, comprenant l'arithmétique, la géométrie, les deux trigonométries, le traité de navigation, les élémens de statique;

4.° Sur le dessin, en ce qui concerne la construction des cartes, le lavis des plans et les vues de côtes.

23. L'examinateur adressera à notre ministre secrétaire-d'état de la marine le procès-verbal de l'examen qui aura été fait conformément à l'article précédent, et le gouverneur adressera également des notes sur la force physique, les facultés morales et la conduite de chaque élève examiné.

Ce procès-verbal, ainsi que les notes, sera mis sous nos yeux, et nous conférerons le grade d'élève de la marine de seconde classe à ceux des candidats que nous aurons reconnus dignes de l'obtenir.

24. Nous enjoignons expressément au gouverneur du collége royal de la marine de faire respecter les aumôniers et les professeurs par les élèves, et de punir exemplairement ceux d'entre eux qui leur manqueraient.

25. Tout élève qui, dans le cours d'une année, aurait rétrogradé de deux brigades, sera licencié.

26. Tout élève qui, après trois ans d'admission au collége royal, ou ayant atteint l'âge de dix-sept ans, n'aura pas été reconnu susceptible de subir avec succès l'examen prescrit par l'art. 22 de la présente ordonnance, sera licencié.

27. Le gouverneur étant spécialement chargé d'exercer une surveillance paternelle sur les élèves, et de leur donner tous ses soins, devra rendre compte, tous les trois mois, à notre ministre secrétaire-d'état de la marine, de la santé, de l'instruction, des mœurs et de la conduite de chacun d'eux; et tous ceux qui se seraient écartés des principes de la religion et de la morale, ou qui n'auraient pas secondé les efforts et les bonnes intentions de leurs instituteurs, seront, d'après les ordres que notredit ministre transmettra au gouverneur, exclus de l'établissement.

28. Le tems que les élèves de la marine passeront au collége royal ne leur sera compté comme service militaire, qu'autant qu'ils obtiendront le grade d'élève de la marine de première classe.

29. Le régime intérieur et économique du collége royal sera confié à un conseil d'administration composé du gouverneur, des sous-gouver-

neurs et de deux officiers-majors du collége désignés annuellement par notre ministre secrétaire-d'état de la marine.

Le quartier-maître trésorier remplira les fonctions de secrétaire.

Le conseil d'administration passera tous les marchés pour subsistance, entretien et autres objets nécessaires à l'établissement; il surveillera la gestion de l'économe et la comptabilité du quartier-maître, arrêtera les recettes et dépenses de chaque année, et le gouverneur en adressera le compte au ministre.

30. Les appointemens annuels du gouverneur, des sous-gouverneurs, des officiers et du chirurgien-major du collége royal, seront les mêmes que si ces officiers étaient embarqués; le gouverneur recevra en outre, tous les ans, un supplément de 3,000 fr. et une somme de 1,500 fr. pour frais de bureau et de secrétaire.

Les appointemens du professeur, du quartier-maître trésorier, des aumôniers et de l'économe, sont réglés ainsi qu'il suit:

Professeurs	de 1.re classe	3,600f.
	de 2.e classe	3,000
Répétiteurs		1,200
Quartier-maître		2,000
Aumôniers		1,800
Econome		2,000

Notre ministre de la marine réglera la solde des agens inférieurs et servans qui seront employés, d'après ses ordres, au collége royal.

31. Le gouverneur, les sous-gouverneurs, le quartier-maître, les aumôniers, le chirurgien-major et l'économe, auront un logement dans l'intérieur de l'établissement.

Les officiers-majors, les sous-officiers d'artillerie de la marine et les officiers-mariniers, jouiront aussi de cet avantage, si la localité le permet.

32. Sur le compte qui sera rendu du zèle des professeurs et maîtres du collége royal pour l'instruction des élèves, et des succès qu'ils auront obtenus, notre ministre secrétaire-d'état de la marine est autorisé à leur accorder des gratifications extraordinaires, soit sur les fonds du collége royal, soit sur ceux du département de la marine.

33. Toutes les dépenses du collége royal seront acquittées sur le fonds des pensions; et, en cas d'insuffisance, il y sera pourvu au moyen de sommes qui seront mises à la disposition de notre ministre secrétaire-d'état de la marine.

34. Notre ministre secrétaire-d'état de la marine déterminera, par un réglement spécial, les dispositions à suivre pour la justification des actes de naissance et des certificats de santé et de solvabilité des candidats; le mode de paiement des pensions; les fonctions des officiers et du quartier-maître; les devoirs des professeurs; les règles de l'administration et de la comptabilité du collége royal; la subsistance des élèves; leur habillement; leur régime intérieur; la police et la discipline de l'établissement.

TITRE III.

Des élèves de la marine de seconde classe.

35. Les jeunes gens à qui nous aurons conféré le titre d'élève de la marine de seconde classe, sortiront du collége royal, et seront dirigés sur le port de Rochefort, pour recevoir, sur nos bâtimens, l'instruction pratique qu'ils doivent acquérir.

36. Les élèves de seconde classe seront tenus de faire deux campagnes d'instruction, chacune de la durée d'environ dix mois.

Ces campagnes auront pour objet de leur faire connaître les côtes, ports et établissemens maritimes du royaume, de les familiariser avec les événemens qu'on peut éprouver, soit à la voile, en pleine mer et près des côtes, soit à l'ancre; et de leur enseigner toutes les manœuvres importantes à exécuter et à commander.

37. Les élèves de seconde classe seront embarqués, en nombre égal, sur deux corvettes ou bâtimens à trois mâts, lesquels navigueront de conserve pendant une partie des campagnes, pour mettre ces jeunes gens à portée de former leur coup-d'œil sur les manœuvres, les mouvemens et la marche d'un bâtiment relativement à un autre, et pour entretenir ou exciter leur émulation.

38. Les commandans des bâtimens sur lesquels les élèves seront embarqués, devront être choisis parmi des capitaines de vaisseau distingués par leur caractère, leur expérience et leur instruction.

Il en sera de même pour les officiers composant l'état-major de chacun desdits bâtimens.

Le capitaine de frégate ou, à son défaut, l'officier ayant à bord le détail général, sera spécialement chargé de la surveillance, police et discipline desdits élèves; il sera secondé plus particulièrement par un des officiers de l'état-major du bâtiment choisi à cet effet par le capitaine.

39. Pour que chaque bâtiment sur lequel seront embarqués des élèves, n'ait que le nombre d'hommes qui doit former son équipage, conformément aux réglemens, il n'y sera point embarqué de novice.

40. La première campagne d'instruction des élèves commencera dans le mois de juin de chaque année, et se terminera au mois d'avril de l'année suivante.

Les deux bâtimens partiront de Rochefort, et, après avoir parcouru de conserve les ports et parages qui leur seront indiqués par nos ordres et instructions, ils se sépareront, l'un pour aller à Brest, l'autre à Toulon, où ils seront réparés et réarmés.

41. La seconde campagne commencera au plus tard vers le 15 juillet, et se terminera dans le courant du mois de mai de l'année suivante.

Les bâtimens partiront de Brest et de Toulon, se rejoindront sur un point déterminé, et se rendront ensuite dans les ports et parages indiqués par nos ordres et instructions; après quoi, celui qui, dans l'année précédente, aura relâché à Brest, ira déposer à Toulon les élèves qui devront rester dans cet arrondissement; tandis que celui qui aura relâché à Toulon, déposera également une partie des élèves à Brest: l'un et l'autre rentreront ensuite à Rochefort avec ceux desdits élèves qui devront être attachés à ce port, et ils y seront désarmés.

42. Dans le cas où des circonstances quelconques ne permettraient pas d'expédier des bâtimens pour les parages ci-dessus indiqués, il serait tenu armé dans nos rades de Brest, de Toulon et de Rochefort, le nombre de corvettes nécessaire pour que l'instruction des élèves n'eût pas à souffrir de cet état de choses.

Les élèves seraient exercés sur les rades et sur les côtes à toutes les manœuvres, opérations, travaux, études et autres objets d'instruction théorique et pratique, dont la nomenclature et la progression sont indiquées par l'article 61 ci-après.

Les commandans de la marine veilleraient en même temps à ce que les commandans de ces corvettes étendissent, autant que possible, leur navigation, et ne négligeassent rien pour suppléer aux moyens dont on se trouverait momentanément privé.

43. Pendant la première campagne, les élèves de seconde classe seront subordonnés au maître d'équipage, au maître canonnier et au chef de timonnerie, et n'auront aucun commandement sur l'équipage.

A la seconde campagne, ils resteront subordonnés à ces maîtres, mais ils commanderont tous les autres hommes de l'équipage.

44. Pendant la durée de chaque campagne, le capitaine de frégate ou lieutenant de vaisseau chargé du détail général, tiendra un contrôle des élèves.

Il y consignera, mois par mois, des notes sur le zèle, l'aptitude et la conduite de ces jeunes gens, ainsi que sur leur application et leurs progrès dans l'étude des diverses connaissances pratiques qu'ils doivent acquérir dans le cours de la campagne.

A la fin du mois, ce contrôle sera présenté au capitaine du bâtiment, lequel réunira les élèves dans la chambre du conseil, et leur témoignera, en présence des officiers de l'état-major, sa satisfaction ou son mécontentement.

Lorsque la campagne sera terminée, le contrôle, signé du capitaine de frégate ou lieutenant de vaisseau chargé du détail, et visé par le capitaine du bâtiment, sera adressé à notre ministre secrétaire-d'état de la marine, par la voie du commandant de la marine, pour être mis sous nos yeux, lorsqu'il y aura lieu à statuer sur l'avancement de chacun des élèves.

45. Tout élève qui, pour cause de santé ou

pour toute autre, n'aurait pas fait une des deux campagnes spéciales déterminées par les articles 40 et 41 de la présente ordonnance, ne pourra, sous quelque prétexte que ce soit, être dispensé d'entreprendre la même campagne l'année suivante.

Toutefois il pourra être embarqué, en attendant, sur tel bâtiment que notre ministre secrétaire-d'état de la marine jugera convenable.

46. Tout élève qui, pour un motif quelconque, aurait manqué, pendant trois années successives, une des deux campagnes spéciales qu'il est tenu de faire, sera, par ce seul motif, considéré comme n'appartenant plus au service de la marine.

47. Tout élève qui, pendant les deux campagnes d'instruction, aura été noté d'une manière défavorable, sous le rapport de la conduite, de l'application ou de la discipline, sera licencié.

48. Les élèves qui, après avoir terminé leur seconde campagne, auront été favorablement notés, seront admis à subir un examen sur les diverses parties d'instruction pratique, qu'ils auront dû acquérir pendant la durée de leur navigation.

Cet examen aura lieu en présence du commandant de la marine, du major-général, du commandant de la compagnie des élèves de la marine, et de quatre capitaines de vaisseau nommés par notre ministre secrétaire-d'état de la marine.

L'examen portera :

Sur l'arrimage, l'installation et le grément d'un vaisseau; sur les principales manœuvres à la voile; sur les mouillages et appareillages dans divers cas; sur les observations astronomiques et les opérations nautiques; sur l'exercice du canon et de la mousqueterie.

Les élèves seront aussi examinés sur les mathématiques, l'hydrographie, les principes de la langue anglaise, la grammaire française et l'histoire, pour s'assurer qu'ils ont continué ces études.

49. Ce procès-verbal sera adressé à notre ministre secrétaire-d'état du département de la marine, par le commandant de la marine.

50. Tout élève qui, dans le procès-verbal d'examen, aura été noté comme n'ayant pas acquis les connaissances requises, sera tenu de faire une troisième campagne d'instruction : après laquelle, s'il ne satisfait à un nouvel examen, il sera licencié du service de la marine.

51. Les élèves de seconde classe qui auront subi avec succès l'examen prescrit par l'article 48 du présent titre, seront par nous nommés élèves de la marine de première classe.

Leur rang sera fixé dans la promotion, d'après le degré d'instruction dont ils auront fait preuve dans cet examen.

TITRE IV.

Des élèves de la marine de première classe.

52. Les élèves de la marine de première classe seront répartis dans nos ports de Brest, Toulon et Rochefort.

Ils seront dirigés de ces ports principaux sur tels ports secondaires où nous ordonnerons des armemens.

53. Les élèves de première classe seront embarqués sur nos bâtimens de guerre, au nombre déterminé par nos ordonnances et réglemens sur la composition des états-majors et équipages desdits bâtimens.

Toutefois, et d'après l'ordre qui en sera donné par notre ministre de la marine, il pourra être embarqué, en temps de paix, un nombre d'élèves supérieur à celui déterminé par le réglement.

54. Ils recevront successivement, et autant que possible, des destinations différentes et qui puissent comporter une navigation toujours plus difficile, ou présumée telle, un plus long séjour à la mer, et un plus grand développement de connaissances pratiques.

Ces destinations seront réglées par notre ministre secrétaire-d'état de la marine, d'après les propositions qui lui en seront faites par le commandant de la marine, sur les demandes des commandans des compagnies des élèves de la marine.

55. A la fin des campagnes, les capitaines de nos bâtimens de guerre remettront au commandant de la marine, dans le port de désarmement, des notes et apostilles sur la conduite, les dispositions et les progrès de chacun des élèves qui auront été embarqués sous leurs ordres.

56. Les élèves de première classe qui réuniront trois années de navigation aux deux campagnes d'instruction qu'ils auront faites en qualité d'élèves de deuxième classe, et qui, par leur bonne conduite et leur aptitude au service, auront obtenu des notes favorables, seront susceptibles d'être promus au grade d'enseigne de vaisseau.

57. Les élèves de première classe qui se seraient distingués par une action d'éclat, ne pourront nous être proposés pour le grade d'enseigne de vaisseau, qu'autant qu'ils auront au moins quatre années complètes de navigation, y compris leurs campagnes d'instruction ; autrement, nous leur accorderons telle récompense dont ils nous paraîtront susceptibles.

58. Si, par un événement quelconque, un de nos bâtimens se trouvait sans officier de la marine, nous voulons que le commandement en appartienne au plus ancien élève de première classe, préférablement à tous autres.

59. Les élèves de première classe auront le rang de lieutenant en second d'artillerie.

TITRE. V.

Dispositions communes aux élèves de 1.re et de 2.e classe, pendant qu'ils seront embarqués.

60. Les élèves de la marine de première et de seconde classe seront successivement et progressivement exercés, dans le cours de leurs campagnes, sur toutes les parties d'instruction théorique et pratique, relatives au service qu'ils sont appelés à remplir, savoir :

Pendant la navigation.

Le grément, la mâture, la voilure, l'exercice du canon et de la mousqueterie, l'exercice de la manœuvre, les observations astronomiques et celles des variations de la boussole, le pilotage.

Pendant les relâches.

La levée des plans de rades et ports, le dessin des vues de côtes, la marche des montres marines, l'étude des signaux et de la tactique, les simulacres de descente sous voile et à l'ancre, l'arrimage, l'installation, et enfin toutes les manœuvres et opérations relatives à l'armement et au désarmement des bâtimens.

61. Pour cultiver et entretenir à la mer les connaissances que les élèves auront puisées, soit au collége royal, soit dans les ports, soit enfin dans leurs campagnes précédentes, le capitaine du bâtiment réglera les heures auxquelles ils seront tenus de continuer, à bord, leurs études, tant sur la théorie que sur la pratique. Un officier restera toujours avec eux pendant lesdites études, et

assistera aux leçons qui leur seront données, en conséquence des ordres du capitaine, par les officiers et les principaux maîtres du bâtiment.

62. Quoique l'embarquement des élèves ait principalement pour objet leur instruction, nous entendons toutefois qu'ils remplissent, à bord, un service habituel.

Ils seront, en conséquence, partagés sous les ordres des officiers chargés du quart; ils monteront dans les hunes pour inspecter les hommes chargés de prendre ou de carguer des ris, feront toutes les corvées qui leur seront prescrites, et commanderont les chaloupes et canots.

Ils seront alternativement employés près le commandant en second du bâtiment, lequel leur fera connaître et exécuter, en sa présence, toutes les opérations du détail général.

63. Les élèves de première et seconde classe seront tenus de faire leurs journaux à la mer, et de les représenter à l'officier chargé du détail, auquel ils remettront chaque jour leur point. A la fin de la campagne, lesdits journaux seront examinés par le commandant de la compagnie et par le professeur d'hydrographie, qui feront remarquer auxdits élèves les fautes qu'ils auront pu faire.

64. Les élèves de première et seconde classe mangeront ensemble à bord, et coucheront dans les postes qui leur auront été destinés, d'après l'ordre du capitaine du bâtiment.

65. Les élèves recevront, pendant qu'ils seront embarqués, un supplément d'un franc par jour à titre de traitement de table, et une ration en nature.

66. Nous défendons qu'aucun élève de première ou seconde classe soit habituellement admis, soit à la table du capitaine, soit à celle des officiers de l'état-major.

TITRE VI.

Organisation des élèves de première et seconde classe en compagnies ; leur instruction dans les ports, leur solde, police et discipline.

67. Conformément à l'article 4 de la présente ordonnance, les élèves de la marine de première et de seconde classe seront partagés en trois compagnies, dont la première servira à Brest, la seconde à Toulon, et la troisième à Rochefort.

68. Chaque compagnie sera composée ainsi qu'il suit :

Capitaine de vaisseau commandant.	1	12
Capit. de vaiss. ou de frégate command. en second.	1	
Lieutenans de vaisseau, chefs de brigade.	5	
Enseignes de vaisseau brigadiers.	5	
Elèves de première classe sous-brigadiers.	5	100
Elèves de première classe.	70	
Elèves de seconde classe.	25	
Tambours.		2
TOTAL.		114

69. Le nombre des élèves des deux classes sera susceptible d'être augmenté suivant les besoins de notre service, sans qu'il y ait lieu néanmoins à accroître celui des officiers.

70. Les élèves de première et seconde classe conserveront respectivement entre eux leur rang d'ancienneté, à dater du jour de leur nomination, et d'après leur inscription sur la liste générale par nous arrêtée.

71. Les commandans, chefs de brigade et brigadiers de la compagnie, seront nommés par nous, sur la proposition de notre ministre secrétaire-d'état de la marine.

Les places de sous-brigadiers seront accordées par le commandant de la marine, sur la proposition du commandant de la compagnie, à ceux des élèves de première classe qui se distingueront davantage par leur application et leur bonne conduite.

72. Les officiers de tout grade attachés aux compagnies des élèves de la marine jouiront de leurs appointemens d'activité à la mer.

Il sera alloué aux élèves sous-brigadiers un supplément de 12 francs par mois, pendant qu'ils rempliront ces fonctions.

Les tambours auront une solde de 30 francs par mois, au moyen de laquelle ils seront tenus de pourvoir à leur subsistance et à leur petit équipement.

Il leur sera délivré, des magasins de la marine, un habillement uniforme, et ils seront casernés, soit dans le local destiné à l'instruction des élèves, soit au quartier de l'artillerie de la marine.

73. Il sera entretenu, dans chacun des ports de Brest, Toulon et Rochefort, pour l'instruction des élèves, un professeur et un répétiteur de mathématiques et d'hydrographie, un professeur de langue anglaise, un professeur de dessin, un maître de manœuvre, un maître de construction et un maître d'artillerie.

Leurs appointemens seront déterminés par notre ministre secrétaire d'état de la marine, savoir : ceux des professeurs, d'après les fixations du tableau n.° 2, annexé au réglement du 16 décembre 1815.

Et ceux des maîtres, d'après la fixation établie pour les maîtres des différentes professions employés dans les ports, et suivant la classe à laquelle ils appartiendront.

74. Chaque jour, excepté les dimanches et fêtes, les élèves de première et seconde classe qui seront à terre, se rassembleront, sous le commandement

des officiers de la compagnie, dans les salles qui auront été disposées pour les écoles; ils se conformeront, pour le temps des études et la police de l'école, aux dispositions de notre réglement de ce jour.

75. Le capitaine de la compagnie répartira les élèves des deux classes entre les différens professeurs et maîtres : il veillera également à ce que les maîtres se conforment, dans les leçons, à un ordre suivi et régulier.

76. Le professeur et le répétiteur de mathématiques et d'hydrographie feront alternativement revoir aux élèves le cours complet qu'ils auront suivi pendant leur séjour au collége royal; ils leur expliqueront les principes d'après lesquels sont construits les instrumens de navigation, et la manière de les vérifier : ils leur feront faire et calculer les observations, et principalement celles de longitude, et leur démontreront, dans les plus grands détails, tout ce qui concerne la réduction et la correction des routes, la manière de lever les plans des ports et rades, et celle de tracer les configurations des îles et des côtes d'après les relèvemens faits à la mer, et l'estime du chemin parcouru.

Le professeur de mathématiques fera, en outre, un cours d'algèbre, de mécanique et de géométrie descriptive.

77. Le professeur de langue anglaise exercera successivement les élèves à expliquer, écrire et parler cette langue; il emploiera de préférence, pour donner ses leçons, des ouvrages sur la marine et la navigation.

78. Le professeur de dessin s'attachera plus particulièrement à faire dessiner aux élèves des plans et des vues de côtes, et il pourra les conduire à cet effet sur le terrain.

79. Le maître de manœuvre donnera des leçons

aux élèves sur toutes les parties du grément et de la voilure ; il les conduira successivement dans les ateliers de la garniture, de la voilerie, de la corderie et tous autres qui ont rapport à son art ; et les directeurs du port et des constructions ordonneront respectivement aux chefs desdits ateliers d'expliquer aux élèves tous les travaux qui s'y exécutent.

Ledit maître de manœuvre menera pareillement les élèves dans le port lorsqu'il s'y fera quelque opération importante, et leur en expliquera l'objet et les détails d'exécution.

Il leur donnera enfin des leçons très-étendues sur la manœuvre des vaisseaux, et sur le mouillage et l'appareillage.

80. Le maître de construction leur fera connaître d'abord, sur des plans, toutes les parties d'un vaisseau ; il les conduira ensuite dans les chantiers pour leur montrer, dans le plus grand détail, toutes les pièces en place et leur assemblage ; il leur expliquera les travaux qui s'exécutent dans les ateliers de la mâture, ainsi que dans tous autres qui ont rapport à la construction : et lorsqu'ils seront suffisamment imbus de ces connaissances pratiques, il leur enseignera la manière de tracer les plans des vaisseaux et d'en calculer le déplacement. Le directeur des constructions tiendra la main à ce que les ingénieurs et les maîtres sous ses ordres contribuent, en ce qui dépend de leur art, à l'instruction desdits élèves.

81. Le maître d'artillerie démontrera aux élèves les principes théoriques de l'artillerie, tant pour le recul des pièces, que pour les portées des projectiles ; il les conduira souvent dans le port pour leur faire observer toutes les manœuvres relatives au transport, à l'embarquement et au débarque-

ment des canons ; et dans le parc d'artillerie, pour leur expliquer les tracés des constructions des affûts et attirails d'artillerie.

Le directeur d'artillerie veillera à ce que les chefs d'ateliers sous ses ordres, procurent auxdits élèves les instructions relatives à cette partie du service.

82. Les jours et heures auxquels les élèves seront conduits par leurs professeurs et maîtres, soit sur le terrain, soit dans les ateliers de l'arsenal, seront fixés par le commandant de la compagnie : lesdits élèves s'y rendront toujours sous le commandement d'un ou deux de leurs officiers.

83. Les élèves de première classe les plus instruits et qui auront le plus navigué, recevront aussi des leçons sur les principales évolutions navales. Ce cours sera fait par l'un des officiers de la compagnie désigné par le capitaine.

84. Il sera fourni aux écoles les livres, cartes et instrumens nécessaires pour l'instruction des élèves. Tous ces objets seront à la garde et sous la responsabilité des professeurs.

85. A de certains jours de la semaine, déterminés par le capitaine de la compagnie, les élèves de première et seconde classe seront instruits et exercés au maniement des armes et aux manœuvres d'infanterie, jusques et compris l'école de bataillon.

86. Ils se rendront également, à des jours fixés par le commandant de la compagnie, et sous le commandement d'un de leurs officiers, à l'école de canonnage du port, pour y faire l'exercice des bouches à feu.

87. Le commandant de la marine, sur la proposition du capitaine de la compagnie, répartira successivement les élèves les plus instruits dans les directions du port, des constructions et de l'artillerie, afin qu'ils puissent étendre et perfectionner

les connaissances qu'ils auront acquises sur les travaux et opérations mécaniques qui s'y exécutent.

88. Les élèves de première et seconde classe qui se trouveront passagèrement dans un port autre que celui auquel ils sont attachés, mais où il y aura une compagnie d'élèves de la marine, prendront place à la suite de la compagnie, et seront soumis à la même discipline et aux mêmes exercices que les autres élèves, jusqu'à ce qu'ils reçoivent une nouvelle destination, ou l'ordre de rejoindre leur département.

Ceux qui se trouveront dans un port où il n'y aurait pas de compagnie d'élèves de la marine, seront commis aux soins d'un officier de la majorité, qui surveillera leur conduite, leurs mœurs et leur instruction, tant qu'ils resteront dans ledit port.

89. Les élèves de seconde classe auront une solde de 40 francs par mois.

Les élèves de première classe auront une solde annuelle de 800 francs.

90. Il ne pourra être accordé de congé aux élèves que dans les cas de maladie ou de blessures, ou à la suite d'une campagne ; et, dans ce dernier cas, la durée du congé ne pourra excéder trois mois.

91. L'uniforme des élèves de première et de seconde classe sera le même que celui des élèves du collége royal.

A la mer, ils auront toujours un habit-veste, un pantalon et le chapeau à la matelote.

Dans le port, ils porteront le grand uniforme.

Les élèves de première classe seront distingués par une aiguillette en or, qu'ils porteront sur l'épaule droite ; et ceux de la seconde, par une aiguillette mélangée d'or et de soie bleue.

Ils devront toujours être revêtus de leur uniforme, soit dans les ports, soit à la mer, et ne pourront y faire aucun changement : toutefois il leur est permis de porter des vestes blanches pendant l'été.

92. Les élèves ne pourront s'éloigner du port de plus d'une lieue, sans congé, ni sortir de la ville avec des fusils, sans permission, sous peine de prison pour la première fois, et sous des peines plus graves en cas de récidive.

93. Tout élève qui s'absentera du port auquel il sera attaché, sans en avoir obtenu la permission, sera renvoyé à sa famille.

94. Tout élève qui, ayant obtenu un congé, ne rejoindra pas sa compagnie ou le lieu de sa destination au temps fixé, sera mis en prison, et privé de sa solde pendant autant de jours qu'il aura excédé le terme de son congé.

95. Nous défendons aux élèves de première et de seconde classe de se marier sans en avoir obtenu la permission de notre ministre secrétaire-d'état de la marine, sous peine d'être renvoyés de notre service.

96. Ils ne pourront quitter le service sans en avoir obtenu notre permission, à peine d'être regardés comme inhabiles à remplir aucun emploi militaire.

97. Les officiers des compagnies auront le droit d'ordonner les arrêts, et, s'il y a lieu, de faire mettre en prison les élèves qu'ils trouveront en faute, dans quelque occasion et en quelque lieu que ce soit; et ils en rendront compte sur-le-champ au commandant de la compagnie.

98. Nous ordonnons, sous peine d'interdiction, aux commandans et officiers des compagnies, de veiller sur la conduite des élèves de la marine, d'empêcher qu'ils ne commettent des désordres, et

ne troublent en aucune manière le repos public : enjoignons aux commandans de la marine d'y tenir la main, et de rendre compte sur-le-champ à notre ministre secrétaire-d'état de la marine, des manquemens en ce genre qui viendraient à leur connaissance.

99. Nous voulons que tous les élèves, sous peine d'être renvoyés à leur famille, et sous plus grande peine si le cas l'exige, obéissent en tout point, non-seulement aux officiers particulièrement attachés à leur compagnie, mais encore à tous officiers de la marine auxquels ils sont de droit subordonnés.

100. Tout officier de la marine qui trouvera un élève en faute hors des écoles, pourra lui ordonner les arrêts, à la charge d'en informer sur-le-champ le commandant de la compagnie, et ledit élève devra s'y rendre sans délai, sous peine d'être puni comme coupable d'insubordination.

101. Tout élève qui rompra ses arrêts, sera cassé.

102. Dans le cas où un élève commettrait une faute qui comportât une punition prompte et exemplaire, nous autorisons le commandant de la marine à le renvoyer provisoirement à sa famille, sur le rapport que lui aura fait le commandant de la compagnie.

Le commandant de la marine rendra compte du fait à notre ministre secrétaire-d'état de la marine, lequel recevra nos ordres sur le parti définitif qui devra être pris à l'égard du délinquant.

TITRE VII.

Dispositions générales.

103. Au moyen de l'institution du collége royal de la marine, créé par la présente ordonnance, les écoles spéciales de marine établies dans les ports de Brest et Toulon sont et demeurent supprimées.

Sont également supprimés la dénomination et le grade d'aspirant de la marine.

Nous nous réservons de faire connaître, par un réglement transitoire, les dispositions qui devront être prises à l'égard des aspirans supprimés.

104. Nous plaçons les élèves de la marine sous la protection de notre cher et bien-aimé neveu l'amiral de France.

Nous maintenons et confirmons la prérogative attribuée à sa charge et dignité, par nos ordonnances des 1.er janvier 1786 et 25 mai 1814, de former éventuellement à son choix, parmi les élèves de la marine de première classe, une compagnie de soixante gardes du pavillon. Ladite compagnie, pendant le séjour de l'amiral de France, soit dans nos ports, soit à la mer, remplira le service réglé par ces ordonnances.

105. Nous nous réservons, sur le rapport de notre ministre secrétaire-d'état de la marine, et lorsque le bien de notre service pourra l'exiger, de charger les commandans de nos ports, ou des officiers généraux de la marine, de procéder à l'inspection du collége royal; et le compte qu'ils en rendront à notre ministre secrétaire-d'état de la marine, sera mis sous nos yeux, pour être pris par nous, à l'égard des personnes et des choses, telle décision que notre justice et notre sollicitude pourront comporter.

106. Toutes dispositions des ordonnances et réglemens contraires aux présentes, sont et demeurent abrogées.

Mandons et ordonnons à notre cher et bien-aimé neveu le duc d'Angoulême, amiral de France, aux commandans et intendans de la marine, aux officiers militaires et civils de la marine, et à tous ceux qu'il appartiendra, de tenir la main à l'exécution de la présente ordonnance.

Donné à Paris, au château des Tuileries, le trente-unième jour du mois de janvier, l'an de grâce 1816, et de notre règne le vingt-unième.

Signé, LOUIS.

Par le Roi:

Signé, LE VICOMTE DUBOUCHAGE.

LOUIS-ANTOINE DE FRANCE, FILS DE FRANCE, DUC D'ANGOULÊME, AMIRAL DE FRANCE,

Vu l'ordonnance ci-dessus à nous adressée, mandons aux commandans et intendans de la marine, aux officiers militaires et civils de la marine, et à tous autres qu'il appartiendra, de tenir la main à l'exécution de la présente ordonnance.

Donné à Paris, le 3 février 1816.

Signé, LOUIS-ANTOINE.

Et plus bas,

Par Son Altesse royale:

Signé, LE CHEVALIER DE PANAT.

RÉGLEMENT

Sur le service, la discipline et la police des compagnies d'élèves de la marine, du 31 *janvier* 1816.

DE PAR LE ROI.

S. M. ayant établi, par une ordonnance de ce jour, le mode d'admission dans la marine militaire et les bases de l'éducation théorique et pratique que les jeunes gens qui se destinent à cette carrière devront recevoir, elle a jugé convenable de déterminer en même temps, par un réglement particulier, le service et les devoirs des officiers et élèves qui composeront les compagnies des élèves de la marine, ainsi que les mesures d'ordre, de police et de discipline auxquelles ils devront être respectivement soumis.

En conséquence, et sur le rapport du ministre secrétaire-d'état de la marine etdes colonies, S. M. a VOULU et ORDONNÉ, VEUT et ORDONNE ce qui suit :

Art. 1.er Le commandant de chacune des compagnies d'élèves de la marine établies dans les ports de Brest, Toulon et Rochefort, prendra les ordres du commandant de la marine sur le service dont il est chargé.

2. Il tiendra la main à ce que les officiers de sa compagnie remplissent exactement les devoirs de leur place.

3. Il aura autorité sur les professeurs et maîtres d'exercices, en les traitant d'ailleurs avec tous les égards convenables.

4. Il fera observer l'ordre et la discipline parmi les élèves de la marine; il surveillera et fera surveiller, avec le plus grand soin, leurs mœurs, leur conduite et leur instruction.

5. Les officiers de la compagnie seront alternativement chargés, par le commandant, des différens détails du service.

Chaque chef de brigade et brigadier, à tour de rôle, sera *de jour* auprès du commandant de la compagnie, soit pour notifier les ordres qu'il y aurait lieu de donner, soit pour recevoir les rapports des officiers de la compagnie, ou de tous autres officiers de la marine, soit enfin pour se porter immédiatement sur les lieux où sa présence deviendrait nécessaire.

Il y aura toujours deux chefs de brigade, deux brigadiers et deux sous-brigadiers de service aux salles d'étude.

Un chef de brigade ou brigadier sera chargé de la visite de l'hôpital et de la prison.

Un autre chef de brigade et un brigadier seront de garde aux salles de spectacle ; et feront des tournées dans les cafés et promenades publiques.

Les uns et les autres seront renouvelés toutes les semaines.

Enfin le commandant, avec l'autorisation du commandant de la marine, fera choix d'un des chefs de brigade ou brigadiers, pour être chargé du détail de la compagnie ; cet officier remplira ces fonctions pendant une année, et pourra être nommé de nouveau.

6. Les élèves seront subordonnés aux sous-brigadiers, et leur obéiront en tout ce qu'ils leur ordonneront pour le service de la compagnie.

7. Les officiers des compagnies, de semaine aux salles, feront tous les jours leur rapport au commandant sur tout ce qui se sera passé aux études et aux exercices.

Le même compte sera rendu, chaque jour, audit commandant par les autres officiers de semaine, sur les détails de service qui leur seront respectivement confiés.

8. L'officier chargé du détail tiendra le contrôle de la compagnie, et annotera tous les mouvemens, recueillera les certificats, notes et apostilles des élèves, tiendra l'état de leurs logemens et auberges, assurera le paiement des hôtes et traiteurs, et sera chargé de la comptabilité de la caisse particulière, dont il sera parlé ci-après.

9. Tous les matins, le commandant de la compagnie rendra compte au commandant de la

marine, de tous les détails et objets de service relatifs à sa compagnie, notamment des fautes qu'auront commises les élèves, et des punitions qui leur auront été infligées.

Dans le cas où il ne pourrait se rendre de sa personne près du commandant, il se fera suppléer par l'officier *de jour*.

10. Il assistera souvent aux instructions qui seront données aux élèves dans les salles d'étude et aux exercices. Il aura la plus grande attention à ce que les officiers préposés sous ses ordres au service desdites salles, y soient toujours présens.

11. Il inscrira sur un registre particulier le précis des observations qu'il aura faites, ou des comptes qui lui auront été rendus sur la conduite, l'aptitude, l'application et les progrès de chacun des élèves, et il y annotera les punitions qu'ils auront subies.

Tous les trois mois, il remettra au commandant de la marine un rapport général sur lesdits élèves, lequel contiendra, par extrait, les notes portées au registre.

Le commandant de la marine transmettra ce rapport au ministre secrétaire-d'état de la marine.

12. Le commandant de la compagnie sera chargé de veiller à la sûreté et à l'entretien du bâtiment destiné aux écoles, et fera connaître à l'intendant de la marine les travaux et réparations qu'il croira nécessaires pour la conservation de cet édifice.

13. Tous les officiers de la compagnie, quel que soit le service spécial dont ils seront chargés, devront surveiller les élèves, les punir lorsqu'ils les trouveront en faute, et rendre compte au commandant des faits qui seront venus à leur connaissance, ainsi que des punitions qu'ils auront cru devoir infliger.

Ils tiendront particulièrement la main à ce que lesdits élèves ne commettent pas de désordres, et ne troublent en aucune manière la tranquillité publique.

14. Nul professeur ou maître ne pourra, sous aucun prétexte, se dispenser de se trouver aux salles d'étude ou d'exercices aux heures indiquées; et, en cas de maladie, il en fera prévenir sur-le-champ le commandant de la compagnie.

15. Tous les dimanches et fêtes à huit heures et demie du matin, les élèves se réuniront aux salles, en grande tenue, et se rendront, sous le commandement de leurs officiers, à la chapelle du commandant de la marine pour y entendre la messe. Les officiers seront très-attentifs à maintenir, pendant l'office divin, le bon ordre et la décence, et puniront sur-le-champ ceux qui ne les auraient pas observés.

16. Les élèves se trouveront aux salles d'étude tous les jours de la semaine, excepté les dimanches et fêtes, depuis huit heures et demie du matin jusqu'à midi, et depuis deux heures après midi jusqu'à quatre.

Les sous-brigadiers feront, chaque fois, l'appel desdits élèves, et remettront au chef de brigade de service l'état des absens, des malades, et de ceux qui seraient retenus aux arrêts ou en prison. Cet état sera porté tous les jours au commandant de la compagnie.

17. Ceux des élèves qui manqueront de se rendre aux salles et exercices, sans motifs valables, ou sans dispense du commandant de la compagnie, subiront vingt-quatre heures de prison pour la première fois, et huit jours en cas de récidive: ceux qui ne seront pas présens aux appels, passeront vingt-quatre heures aux arrêts, et seront

punis plus sévèrement si cette négligence se renouvelle.

18 Les officiers de service aux salles concourront tous à entretenir le bon ordre et l'émulation parmi les élèves, et à fixer leur attention sur l'objet de leurs études.

Sa Majesté leur recommande expressément de faire respecter les professeurs et maîtres; voulant que les élèves à qui il arriverait de leur manquer, soient punis exemplairement.

19. Les élèves seront divisés, pour l'instruction, en deux détachemens égaux en nombre : ces détachemens seront partagés chacun en subdivisions, sans égard au nombre, afin de réunir les sujets d'une égale capacité et parvenus au même degré d'instruction, de leur faire suivre les mêmes cours, et d'en obtenir les mêmes progrès.

La division des élèves en détachemens et subdivisions sera faite par les professeurs et maîtres, et approuvée par le commandant de la compagnie.

20. Les détachemens et subdivisions seront successivement occupés, et pendant le temps qui sera fixé par le commandant de la compagnie, à l'étude des mathématiques, de la langue anglaise, du dessin, de la construction, de la manœuvre, de l'artillerie, etc., et lesdits détachemens se relèveront mutuellement pour passer d'un exercice à un autre.

21. Les élèves ne pourront, sous aucun prétexte, passer d'un détachement ou d'une subdivision à un autre, sans l'intervention du professeur et l'ordre du commandant de la compagnie.

S'il arrivait qu'un élève ne pût suivre le cours de la subdivision où il aurait été placé, ou qu'il fût en état de faire partie d'une subdivision plus instruite, il fera ses représentations au professeur, qui prendra, s'il y a lieu, l'ordre dudit commandant.

22. L'officier chargé du détail fournira des cahiers aux élèves qui en auront besoin : il écrira sur chaque cahier le nom de celui à qui il l'aura remis et la date de cette remise. Il n'en délivrera pas de nouveau, sans s'être fait représenter celui qui aura été rempli, et punira tout élève qui aurait fait un mauvais emploi de ses cahiers.

23. Le commandant de la compagnie fera, une fois par semaine, l'inspection des cahiers de tous les élèves ; il verra s'ils sont bien tenus, et jugera si chacun a mis à profit les leçons et a fait des progrès. Il inspectera également, une fois par semaine, les plans et dessins.

24. Il sera placé, en sentinelle, à la porte des salles, des canonniers du corps royal d'artillerie de la marine.

La sentinelle ne laissera sortir aucun élève pendant les études sans la permission du chef de brigade, et refusera l'entrée des salles à tout étranger qui s'y présenterait.

Le commandant de la compagnie désignera, en outre, des élèves pour être en sentinelle ou de planton dans l'intérieur des salles, avec ordre de ne laisser entrer aucun élève après l'appel, sans en avoir préalablement averti le chef de brigade de service ; de ne laisser passer aucun élève d'une salle dans une autre sans l'ordre du chef de brigade ; et enfin de ne souffrir ni bruit ni désordre, et d'informer le chef de brigade de toute atteinte portée à la discipline.

25. Le commandant de la compagnie fera choix d'un gardien pour le service des salles, lequel sera pris parmi les marins hors de service et jouissant d'une demi-solde.

Ce gardien sera porté sur les états à la paie de 36 francs par mois, qu'il cumulera avec sa demi-solde.

26. Le gardien sera chargé d'entretenir les salles en état de propreté; il aura soin, chaque jour, de nettoyer les tables et tableaux de géométrie, et de mettre en ordre, après les leçons et exercices, les livres, cahiers, écritoires, plans, etc.

Dans l'hiver, il allumera les poëles une demi-heure avant l'entrée des élèves, et il les éteindra aussi-tôt après leur sortie.

Il sera personnellement responsable du mobilier des salles, ainsi que des modèles et autres objets qui y seront déposés.

27. Le commandant de la marine inspectera les salles d'étude au moins une fois par mois, et plus souvent s'il le juge nécessaire : il se fera rendre compte des détails de l'enseignement, des progrès que les élèves auront faits, et de la conduite qu'ils auront tenue.

Il témoignera sa satisfaction à ceux qui auront mérité des éloges, et son mécontentement à ceux contre lesquels il lui sera porté des plaintes ou qui auront encouru des punitions.

28. Le commandant de la compagnie fixera les jours et heures auxquels les élèves devront se rendre sur le terrain, soit en corps, soit en détachemens, pour faire les manœuvres d'infanterie; et à l'école d'artillerie, pour celle de canonnage.

Lorsqu'ils se rendront à ces exercices, ils marcheront toujours en troupe, sous le commandement de leurs officiers.

29. Le commandant de la compagnie prendra les arrangemens nécessaires pour que les élèves soient logés et nourris convenablement, mais aux moindres frais possibles; et il ne leur permettra pas d'excéder, pour leur logement et leur auberge, le prix qu'il aura fixé, sans égard à leur plus ou moins d'aisance.

Ledit commandant leur assignera leur logement, leur auberge et leur table; ils ne pourront en changer sans sa permission, et il sera intimé aux hôtes et traiteurs les plus expresses défenses de leur faire aucun crédit, sous peine de perdre toute garantie de leurs créances.

Les élèves seront réunis par table de douze à quinze; un sous-brigadier ou un élève, désigné par le commandant de la compagnie, sera chargé de la police de la table, et d'y maintenir l'ordre et la décence.

Un des officiers de la compagnie, à tour de rôle, devra en outre faire sa tournée dans les auberges aux heures de repas.

30. Les élèves ne devront fréquenter ni les cafés, ni les maisons de jeux; il leur sera toutefois permis de se réunir dans une salle particulière, où seuls ils seront admis, sous la surveillance de leurs officiers.

31. Il est ordonné à tous les élèves de se retirer dans leurs logemens à dix heures du soir en hiver, et à onze heures en été, sous peine d'être punis s'ils sont rencontrés plus tard par leurs officiers.

32. Il sera établi dans chaque compagnie une caisse particulière, qui se formera d'une somme de cent francs que chaque élève de seconde classe y versera au moment de son incorporation.

Tout élève de seconde classe qui passera à la première, versera également, dans ladite caisse, une somme de cinquante francs.

Les sommes ainsi versées appartiendront exclusivement à la caisse, et aucun élève ne pourra prétendre à en retirer tout ou partie, soit lorsqu'il obtiendra de l'avancement, soit dans le cas où il quitterait le service.

33. Les fonds de la caisse seront destinés à procurer, soit par une avance remboursable, soit à titre de gratification, des effets d'habillement et d'équipement aux élèves qui auraient éprouvé des pertes ou dommages par des événemens à la mer;

A former une bibliothèque pour les élèves;

A pourvoir à l'achat des cartes, instrumens et autres objets nécessaires à l'instruction desdits élèves, ou qui leur seront accordés en récompense de leur application et de leurs progrès;

A subvenir à l'excédent de dépenses que pourrait occasionner un renchérissement momentané des logemens et auberges;

Enfin, à payer la solde du gardien des salles.

34. La caisse particulière des élèves de la marine sera déposée chez le commandant de la compagnie.

L'officier chargé du détail y versera les sommes qu'il aura reçues pour le compte de ladite caisse, et le commandant mettra à sa disposition celles dont il aura besoin pour subvenir aux dépenses.

Le commandant aura toujours un état de situation exact de ladite caisse, et les mouvemens en seront constatés par l'officier chargé du détail, toutes les fois qu'il y aura lieu à entrée ou sortie de fonds.

Le premier de chaque mois, le commandant de la compagnie remettra l'état de situation de la caisse au commandant de la marine.

35. Pour faciliter le paiement du logement et de la nouriture des élèves, leur solde sera versée, à la fin de chaque mois, dans la caisse; et l'officier chargé du détail paiera les hôtes et traiteurs, sur le compte que chaque élève aura arrêté, et conformément aux prix déterminés par le commandant de la compagnie.

Ce paiement fait, la somme qui pourra rester sera remise à l'élève par ledit officier.

36. Il ne pourra être fait emploi d'aucune somme appartenant au fonds de la caisse, même pour les dépenses courantes, sans un ordre du commandant de la compagnie, revêtu de l'autorisation du commandant de la marine.

Nulle récompense ou gratification ne pourra être accordée sans l'autorisation préalable du ministre secrétaire-d'état de la marine.

37. Les élèves de la marine seront admis dans les hôpitaux de la marine, sur un billet signé du commandant de la compagnie, enregistré au bureau des revues du port.

38. Ils seront traités comme officiers, et réunis, autant que possible, dans une même salle.

39. Lorsqu'un élève entrera à l'hôpital, il déposera son habit et son épée entre les mains du directeur ou administrateur de cet établissement.

Le malade sera pourvu d'un vêtement que l'hôpital lui fournira, et il n'en portera pas d'autre pendant la durée de sa maladie.

40. Il est défendu à tout élève malade à l'hôpital, d'en sortir, sous quelque prétexte que ce soit, jusqu'à son entière guérison.

Ceux qui auront besoin de se promener pendant leur convalescence, devront être pourvus d'une permission par écrit du commandant de la compagnie, laquelle ne leur sera donnée que sur le rapport de l'officier de santé en chef. Cette permission n'aura son effet que pour certaines heures déterminées.

41. Nul élève ne pourra entrer à l'hôpital sous prétexte d'y visiter ses camarades, s'il n'est muni d'une permission par écrit du commandant de la compagnie.

42. L'officier de semaine pour le service de l'hôpital visitera tous les jours les élèves malades : il les interrogera sur leurs besoins, prendra des informations sur leur état, et s'assurera s'ils sont bien soignés par les officiers de santé et infirmiers. Dans le cas où ceux-ci lui porteraient des plaintes contre un malade, il jugera si elles sont fondées et en rendra compte au commandant de la compagnie.

Il fera la même visite aux élèves qui seront malades dans leur chambre, prendra les mêmes informations, et leur procurera tous les secours qui leur seront nécessaires.

43. Les élèves éprouveront une retenue d'un franc par jour sur leur solde, pendant le temps qu'ils seront à l'hôpital : le surplus de la dépense qu'ils y occasionneront, sera supporté par S. M.

44. Les élèves qui seront à l'hôpital se conformeront en tous points aux réglemens de police des hôpitaux.

45. Les élèves qui devront être mis en prison, seront toujours conduits par un brigadier, et ils ne pourront en sortir pour se rendre à la messe, aux salles et aux exercices, qu'accompagnés d'un officier de la compagnie.

Ils seront nourris par le concierge, moyennant une somme journalière qui sera fixée par le commandant de la compagnie.

46. Tout élève qui sera mis en prison, devra être placé seul dans une chambre, sans pouvoir communiquer avec un autre prisonnier, même aux heures des repas.

Il aura ses livres d'étude, ses cahiers et dessins, et il lui sera fourni du papier, des plumes, de l'encre et des crayons.

47. Il est expressément défendu au concierge, sous peine d'être renvoyé, de laisser pénétrer dans

la prison d'autres vivres que ceux qu'il devra fournir lui-même, et de permettre à qui que ce soit de visiter les prisonniers, à moins qu'il ne soit accompagné du brigadier de service.

48. Dans le cas où un élève détenu en prison se trouverait indisposé, le concierge fera avertir sur-le-champ l'officier de semaine, lequel se rendra immédiatement sur les lieux avec un officier de santé.

Nul élève détenu ne pourra être envoyé à l'hôpital, qu'il n'ait été préalablement visité.

49. Le concierge rendra compte à l'officier de semaine des désordres que commettraient les prisonniers.

Il sera fait une visite exacte de la prison, à l'entrée et à la sortie de chaque prisonnier, et les dégradations qu'il aura pu commettre seront réparées à ses dépens.

50. La peine de la prison et celle des arrêts ne pourront cesser qu'en vertu de l'ordre du commandant de la compagnie.

51. Les élèves seront toujours revêtus de leur uniforme.

Il leur est défendu de porter des épées courtes, ainsi que des cannes ou bâtons, et de se montrer en public avec leur épée sous le bras ou à la main.

Tout contrevenant à ces dispositions sera puni par la prison.

52. Seront rigoureusement punis tous élèves qui se permettraient de maltraiter quelqu'un de paroles et de le frapper; dans ce dernier cas, et s'il est reconnu qu'un élève ait été l'agresseur, il sera mis en prison; et sur le compte qui en sera rendu par le commandant de la marine, le ministre secrétaire-d'état de la marine prendra à son égard les ordres de S. M.

53. Les revues des élèves de la marine seront faites aux salles d'école par le commissaire de marine préposé aux revues.

Les élèves de première classe prendront les armes et auront leurs officiers à leur tête.

Les élèves de deuxième classe passeront la revue sans armes, à la suite des élèves de première classe.

54. Les dispositions du présent réglement ne seront exécutoires que pour les officiers et élèves présens dans les ports.

55. Tout élève de première et de deuxième classe sera tenu d'avoir un exemplaire du présent réglement, afin d'en connaître et exécuter les dispositions. Il représentera ledit exemplaire aux officiers de la compagnie, toutes les fois qu'ils l'exigeront.

Mande et ordonne Sa Majesté à l'Amiral de France, aux commandans et intendans de la marine, aux officiers militaires et civils de la marine, et à tous autres qu'il appartiendra, de tenir strictement la main, chacun en ce qui le concerne, à l'exécution du présent réglement.

Donné à Paris, au château des Tuileries, le trente-unième jour du mois de janvier, l'an de grâce mil huit cent seize, et de notre règne le vingt-unième.

Signé, LOUIS.

Par le Roi :

Signé, LE VICOMTE DUBOUCHAGE.

LOUIS-ANTOINE DE FRANCE, FILS DE FRANCE, DUC D'ANGOULÊME, AMIRAL DE FRANCE,

Vu le réglement ci-dessus à nous adressé ;

Mandons et ordonnons aux commandans, intendans, officiers militaires et civils de la marine, et à tous autres qu'il appartiendra, de tenir la main à l'exécution du présent réglement.

Donné à Paris, le 3 février 1816.

Signé, LOUIS-ANTOINE.

Et plus bas,

Par Son Altesse royale :

Signé, LE CHEVALIER DE PANAT.

RÉGLEMENT

Sur la première formation des compagnies d'élèves de la marine, établies dans les ports de Brest, Toulon et Rochefort; du 2 février 1816.

DE PAR LE ROI.

Des considérations dictées par l'expérience, ayant déterminé S. M. à changer le mode d'admission dans la marine militaire, elle a établi, par une ordonnance de ce jour, les conditions à remplir de la part des jeunes gens qui se destineront à ce service, et les détails de leur éducation. Mais l'intention de S. M. étant d'organiser le plus promptement possible les compagnies d'élèves de la marine, et voulant aussi que des sujets recommandables par leur zèle et leur capacité, ne puissent être enlevés à la carrière qu'ils ont entreprise, elle a estimé juste et convenable de lier, par des mesures transitoires, l'état actuel des choses à celui qui servira de règle pour l'avenir.

En conséquence, et sur le rapport du ministre secrétaire-d'état de la marine et des colonies, S. M. a ORDONNÉ et ORDONNE ce qui suit :

Art. 1.er Les deux cent vingt-huit élèves de la marine de première classe, et les soixante-douze élèves de la marine de deuxième classe, qui doivent former les compagnies établies par l'ordonnance du 31 janvier 1816 dans les ports de Brest, Toulon et Rochefort, seront choisis parmi les aspirans de la marine de première classe.

2. Il sera formé dans chacun des ports de Brest, Toulon, Rochefort, Lorient et Cherbourg, une commission d'examen des aspirans de la marine, laquelle sera présidée par le commandant de la marine et composée du major-général ou major de la marine, du directeur des constructions, du directeur des ports, du directeur de l'artillerie et de deux capitaines de vaisseau, nommés à cet effet par le ministre secrétaire-d'état de la marine.

Cette commission commencera ses opérations le 15 mars prochain.

Ses séances et délibérations seront secrètes.

3. Nul ne pourra être admis dans les compagnies d'élèves de la marine,

S'il n'est reconnu d'une constitution assez forte pour supporter les fatigues de la mer;

S'il n'a été pourvu, par une commission ministérielle, du grade d'aspirant de première classe;

S'il n'a été rendu des comptes avantageux de sa conduite;

Et enfin, s'il ne subit un examen sur la théorie et la pratique de la navigation.

4. Le major-général ou major de la marine remettra à la commission la liste générale des aspirans de la marine de première classe qui se trouvent dans le port et arrondissement; il y joindra leurs états de services, les certificats et apostilles des capitaines sous les ordres desquels

ils auront été embarqués, avec les notes qu'il aura pu recueillir sur leur conduite.

5. La commission examinera, avec la plus scrupuleuse attention, les documens qui lui auront été fournis par le major-général ou major de la marine; après quoi elle procédera à l'examen de chaque aspirant.

6. L'examen portera sur les connaissances théoriques et pratiques ci-après déterminées; savoir: l'arithmétique, la géométrie, les deux trigonométries, le traité de navigation, les élémens de la statique, le grément, la manœuvre, le canonnage.

La commission pourra, si elle le juge nécessaire, faire interroger en sa présence chaque aspirant, par le professeur d'hydrographie du port, sur la théorie; et par des maîtres de manœuvre, de canonnage et de timonnerie, sur la pratique.

7. La commission dressera un procès-verbal du résultat de son examen, lequel comprendra tous les élémens de son travail.

Ce procès-verbal sera divisé en quatre séries:

La première comprendra, par ordre de mérite, les aspirans qui auront répondu avec succès sur toutes les parties d'instruction théorique et pratique, et qui réuniront d'ailleurs toutes les conditions détaillées en l'article 3 ci-dessus;

La deuxième, ceux qui, sortant des écoles et n'ayant que peu ou point de navigation effective, n'auront pas complétement justifié de l'instruction exigée, mais qui seront jugés capables de l'acquérir et qui méritent des encouragemens par leur conduite et leur application;

La troisième, ceux qui ont totalement négligé leurs études, ou qui manquent de dispositions naturelles ou de volonté;

La quatrième enfin, ceux qui, par leurs

principes, leurs mœurs ou leur conduite, quel que soit le degré de leur instruction, ne sont pas susceptibles d'être admis dans le corps de la marine.

8. Sa Majesté recommande aux commissions d'examen, d'apporter autant d'attention que d'impartialité dans les jugemens qu'elles auront à porter sur le mérite et la conduite des candidats, et de n'avoir en vue que le bien de son service et la justice qu'elle veut rendre à tous.

9. Le commandant de la marine adressera le procès-verbal de la commission au ministre secrétaire-d'état de la marine; il y joindra les documens remis à ladite commission par le major-général ou major, ainsi que ses notes particulières sur chacun des aspirans qui auront été examinés.

10. Sur le vû du travail des commissions, le ministre secrétaire-d'état de la marine prendra les ordres de S. M.

Les aspirans compris dans la première série, seront susceptibles d'être nommés par S. M. élèves de la marine de première classe.

Ceux compris dans la seconde série pourront être nommés élèves de la marine de deuxième classe.

A l'égard de ceux compris dans la troisième et la quatrième série, ils seront immédiatement licenciés.

11. Les aspirans qui seraient en congé ou employés dans des ports secondaires au service de S. M., devront se rendre immédiatement dans un des cinq ports principaux désignés par l'art. 2 du présent réglement; il leur sera délivré, à cet effet, par qui de droit, des passe-ports et feuilles de route.

Ceux desdits aspirans qui ne seraient pas rendus dans l'un desdits ports avant que la commission d'examen eût terminé ses opérations, seront considérés comme ayant renoncé au service de la marine.

12. Quant aux aspirans qui se trouvent en ce moment à la mer, sur les bâtimens de S. M., il sera sursis à leur examen jusqu'à la fin du premier mois qui suivra leur retour en France, et de nouvelles commissions se formeront pour procéder à leur égard seulement, ainsi qu'il est prescrit par le présent réglement.

Il sera, en conséquence, réservé dans les compagnies d'élèves de la marine un nombre de places calculé d'après celui des aspirans à qui leur absence pour le service de S. M. n'aura pas permis de se présenter à l'examen.

13. Les compagnies d'élèves de la marine devront être organisées le premier mai prochain pour tout délai.

A dater de cette époque, les aspirans qui auront été nommés par S. M. élèves de la marine de première ou de seconde classe, seront soumis aux dispositions de l'ordonnance et du réglement du 31 janvier 1816.

14. A dater dudit jour premier mai prochain, tous les aspirans non embarqués sur les bâtimens de S. M., qui n'auront pas été compris dans les compagnies d'élèves de la marine, cesseront d'être portés sur les états de revue.

Les aspirans qui se trouvent à la mer sur les bâtimens de S. M., continueront d'être portés sur les états jusqu'à ce qu'ils aient pu remplir les obligations qui leur sont imposées par l'art. 12 du présent réglement.

15. Il sera pourvu à ce que les aspirans qui, dans la nouvelle formation, auront été nommés élèves de deuxième classe, puissent recevoir promptement l'instruction théorique et pratique

dont ils auront à faire preuve pour obtenir le grade d'élève de première classe.

16. Les aspirans compris dans la première et la seconde série, qui, en raison du trop grand nombre de concurrens, ne pourraient trouver place dans les compagnies d'élèves de la marine, seront susceptibles d'obtenir des lettres de capitaine au long cours, pourvu qu'ils aient vingt-quatre ans d'âge et soixante mois de navigation.

Mande et ordonne Sa Majesté à l'Amiral de France, aux commandans et intendans de la marine, et à tous autres qu'il appartiendra, de tenir la main à l'exécution du présent réglement.

Donné à Paris, au château des Tuileries, le deuxième jour du mois de février, l'an de grâce mil huit cent seize, et de notre règne le vingt-deuxième.

Signé, LOUIS.

Par le Roi :

Signé, LE VICOMTE DUBOUCHAGE.

LOUIS-ANTOINE DE FRANCE, FILS DE FRANCE, DUC D'ANGOULÊME, AMIRAL DE FRANCE,

Vu le réglement ci-dessus à nous adressé,

Mandons et ordonnons aux commandans et intendans de la marine, aux officiers militaires et civils de la marine, et tous autres qu'il appartiendra, de tenir la main à l'exécution du présent réglement.

Donné à Paris, le 3 février 1816.

Signé, LOUIS-ANTOINE.

Par Son Altesse royale :

Signé, LE CHEVALIER DE PANAT.

www.ingramcontent.com/pod-product-compliance
Ingram Content Group UK Ltd.
Pitfield, Milton Keynes, MK11 3LW, UK
UKHW020352250726
13967UKWH00005B/2247

9 782013 040242